AF218259

ROMANTASY

COLOREA: ENEMIGOS Y AMANTES

Ilustraciones de

Ana Bidault

Elena Bonotto

Hannah Konetzki

Paule Ledesma

Eeva Nikunen

NOCTURNA EDICIONES

Título original: *Enemies to Lovers: A Romantasy Coloring Book*

Copyright © 2025 by Dover Publications
Art by Eeva Nikunen copyright © 2025 by Eeva Nikunen
Todos los derechos reservados
Ilustración de cubierta: Eeva Nikunen
Coloreado de cubierta: Alejandra Hg

© de la presente edición: Nocturna Ediciones, S.L.
c/ Medea, 4. 28037 Madrid
info@nocturnaediciones.com
www.nocturnaediciones.com

Primera edición en Nocturna: noviembre de 2025

Impreso en España / *Printed in Spain*
Técnica Digital Press

Código IBIC: WF
ISBN: 979-13-87690-28-1
Depósito Legal: M-22223-2025

El papel utilizado para la impresión de este libro, fabricado a partir de madera
procedente de bosques y plantaciones sostenibles, es cien por cien libre de cloro
y está calificado como papel reciclado y ecológico.

Cualquier forma de reproducción, distribución, comunicación pública o transformación de esta obra solo puede ser realizada
con la autorización de sus titulares, salvo excepción prevista por la ley. Diríjase a CEDRO (Centro Español de Derechos Repro-
gráficos) si necesita fotocopiar o escanear algún fragmento de esta obra (www.conlicencia.com; 91 702 19 70 / 93 272 04 47).

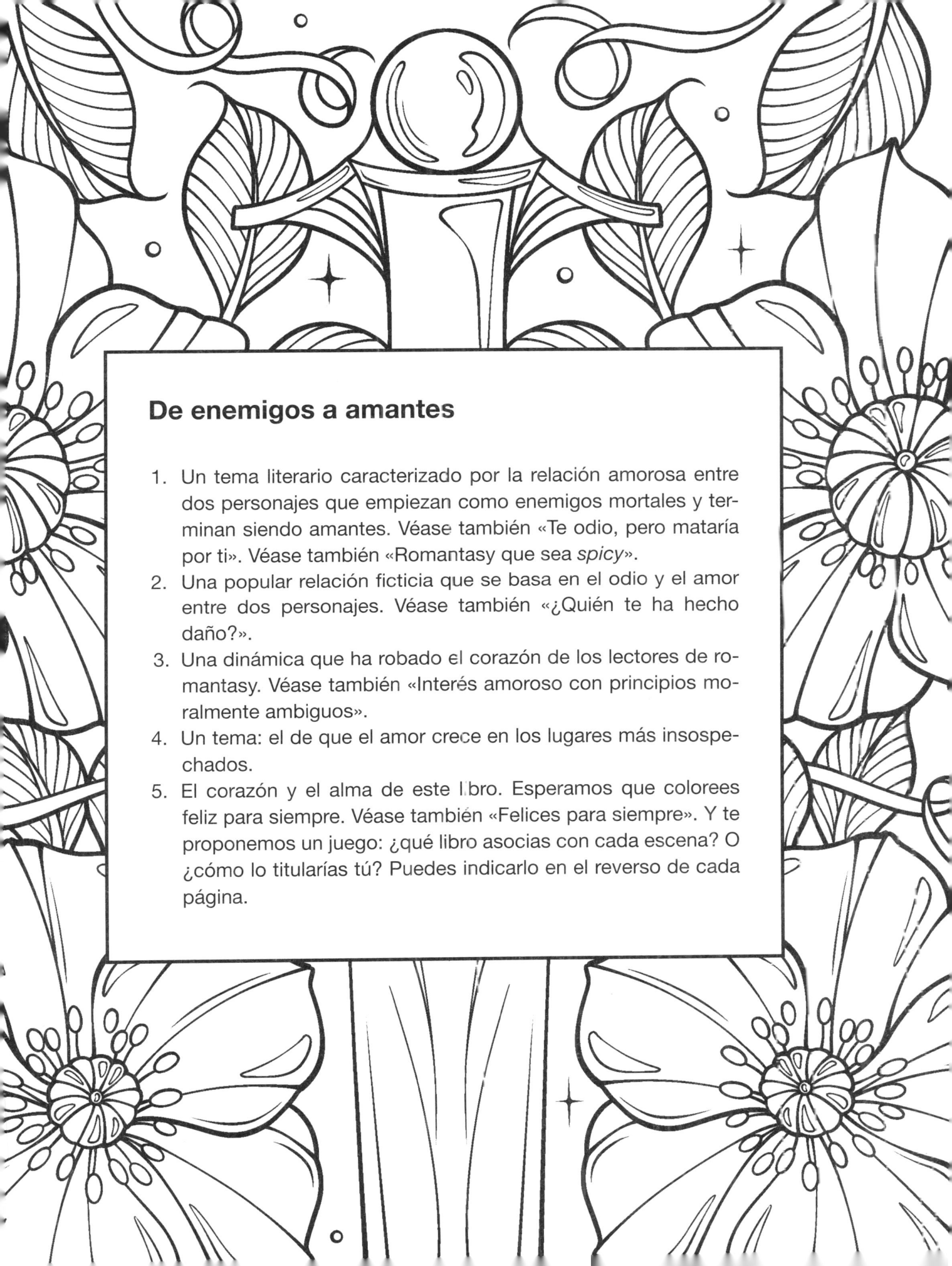

De enemigos a amantes

1. Un tema literario caracterizado por la relación amorosa entre dos personajes que empiezan como enemigos mortales y terminan siendo amantes. Véase también «Te odio, pero mataría por ti». Véase también «Romantasy que sea *spicy*».
2. Una popular relación ficticia que se basa en el odio y el amor entre dos personajes. Véase también «¿Quién te ha hecho daño?».
3. Una dinámica que ha robado el corazón de los lectores de romantasy. Véase también «Interés amoroso con principios moralmente ambiguos».
4. Un tema: el de que el amor crece en los lugares más insospechados.
5. El corazón y el alma de este libro. Esperamos que colorees feliz para siempre. Véase también «Felices para siempre». Y te proponemos un juego: ¿qué libro asocias con cada escena? O ¿cómo lo titularías tú? Puedes indicarlo en el reverso de cada página.

Coloreado por:

_____

Fecha: _____

Libro: _____

_____

Hannah K.

Coloreado por:

_____

Fecha: _____

Libro: _____

_____

Hannah K.

Coloreado por:

_____

Fecha: _____
Libro: _____

_____

Hannah K.

Coloreado por:

_____

Fecha: _____

Libro: _____

_____

Elsa Nikumen

Coloreado por:

_____

Fecha: _____

Libro: _____

_____

Coloreado por:

_____

Fecha: _____

Libro: _____

_____

Coloreado por:

_____

. Fecha: _____

Libro: _____

_____

Coloreado por:

_____

Fecha: _____

Libro: _____

_____

Coloreado por:

_____

Fecha: _____

Libro: _____

_____

Coloreado por:

_____

Fecha: _____

Libro: _____

_____

Coloreado por:

_____

Fecha: _____

Libro: _____

_____

Coloreado por:

_____

Fecha: _____

Libro: _____

_____

Coloreado por:

_____

Fecha: _____

Libro: _____

_____

Hannah K.

Coloreado por:

_____

Fecha: _____

Libro: _____

_____

Hannah K.

Coloreado por:

_____

Fecha: _____

Libro: _____

_____

Hannah K.

Coloreado por:

_____

Fecha: _____

Libro: _____

_____

Hannah K.

Coloreado por:

_____

Fecha: _____

Libro: _____

_____

Hannah K.

Coloreado por:

_____

Fecha: _____

Libro: _____

_____

Ana
Bidault

Coloreado por:

_____

Fecha: _____

Libro: _____

_____

Ana
Bidault

Coloreado por:

_____

Fecha: _____

Libro: _____

_____

Ana
Bidault

Coloreado por:

_____

Fecha: _____

Libro: _____

_____

Ana
Bidault

Coloreado por:

_____

Fecha: _____

Libro: _____

_____

Ana Bidault

Coloreado por:

_____

Fecha: _____

Libro: _____

_____

Ana
Bidault

Coloreado por:

_____

Fecha: _____

Libro: _____

_____

Ana
Bidault

Coloreado por:

_____

Fecha: _____

Libro: _____

_____

Ana
Bidault

Coloreado por:

_____

Fecha: _____

Libro: _____

_____

Ana
Bidault

Coloreado por:

_____

Fecha: _____

Libro: _____

_____

Hannah K.

Coloreado por:

_____

Fecha: _____

Libro: _____

_____

Hannah K.

Coloreado por:

_____

Fecha: _____

Libro: _____

_____

Hannah K.

Coloreado por:

_____

Fecha: _____

Libro: _____

_____

Hannah K.

Coloreado por:

_____

Fecha: _____

Libro: _____

_____

Hannah K.

Coloreado por:

_____

Fecha: _____

Libro: _____

_____

Elena

Coloreado por:

_____

Fecha: _____

Libro: _____

_____

Elena

Coloreado por:

_____

Fecha: _____

Libro: _____

_____

Elena

Coloreado por:

_____

Fecha: _____

Libro: _____

_____

Elena

Coloreado por:

_____

Fecha: _____

Libro: _____

_____

Hannah K.

Coloreado por:

_____

Fecha: _____

Libro: _____

_____

Hannah K.

Coloreado por:

_____

Fecha: _____

Libro: _____

_____

Hannah K.

Coloreado por:

_____

Fecha: _____

Libro: _____

_____

Hannah K.

Coloreado por:

_____

Fecha: _____

Libro: _____

_____

Paule

Coloreado por:

_____

Fecha: _____

Libro: _____

_____

Paule

Coloreado por:

_____

Fecha: _____

Libro: _____

_____

Paule

Coloreado por:

_____

Fecha: _____

Libro: _____

_____

Paule

Coloreado por:

_____

Fecha: _____

Libro: _____

_____

Paule

Coloreado por:

_____

Fecha: _____

Libro: _____

_____

Paule

Coloreado por:

_____

Fecha: _____

Libro: _____

_____

Paule

Coloreado por:

_____

Fecha: _____

Libro: _____

_____

Paule

Coloreado por:

_____

Fecha: _____

Libro: _____

_____

Paule

Coloreado por:

_____

Fecha: _____

Libro: _____

_____

Paule

Coloreado por:

_____

Fecha: _____

Libro: _____

_____

Paule

Coloreado por:

_____

Fecha: _____

Libro: _____

_____

Paule

Coloreado por:

_____

Fecha: _____

Libro: _____

_____

Paule

Coloreado por:

_____

Fecha: _____

Libro: _____

_____

Paule

Coloreado por:

_____

Fecha: _____

Libro: _____

_____

Paule

Coloreado por:

_____

Fecha: _____

Libro: _____

_____

Hannah K.

Coloreado por:

_____

Fecha: _____

Libro: _____

_____

Hannah K.

Coloreado por:

_____

Fecha: _____

Libro: _____

_____

Hannah K.

Ana Bidault, ilustradora y trotamundos, nació en España y creció en la Patagonia. Actualmente reside en Uruguay con su novio y el perro que han adoptado, *Sirius*. Desde que su abuela le regaló el primer tomo de *Harry Potter*, a Ana le han fascinado las historias con criaturas mágicas. Considera la ilustración su magia personal, lo que le otorga la capacidad de dar vida a estos mundos fantásticos.

Elena Bonotto es una ilustradora italiana. De pequeña, lo primero que dibujó fue el zapato de cristal de la Cenicienta y aún le encanta seguir las tendencias de la moda en sus ilustraciones. Sus fuentes de inspiración son el *art nouveau*, el *art déco*, el ballet y sus ilustradores de manga favoritos. Sus autores fantásticos preferidos son J. R. R. Tolkien, por la belleza con la que escribe sobre la naturaleza y la amistad, y Diana Wynne Jones, por su forma única y asombrosamente creíble de tratar la magia.

Hannah Konetzki es diseñadora gráfica e ilustradora, especializada en intrincados dibujos botánicos, sobre todo de flores, setas y plantas exuberantes. Su amor por la fantasía comenzó jugando a *The Legend of Zelda*, cuando se sumergió en un mundo lleno de personajes y paisajes únicos que siguen inspirando su obra.

Paule Ledesma es una artista de retratos digitales y tradicionales que vive en la zona tropical de Cebú, Filipinas. Orgullosa madre de dos peludos, Paule disfruta dibujando en soledad y se inspira en los viajes, la música y la magia de la vida cotidiana. Tiene un talento especial para dibujar hadas y seres encantados de todas las formas y tamaños.

Eeva Nikunen ha realizado trabajos creativos para editoriales, compañías de videojuegos y grupos de rock. En la actualidad pinta en su estudio artístico en Vantaa, Finlandia, acompañada de *Willow*, su gata negra adoptada. De joven, Eeva descubrió el mágico mundo de los elfos mediante las obras de J. R. R. Tolkien. Desde entonces, la fantasía es el género con el que más le gusta trabajar.